Ausstrahlung:

7 UNBEKANNTE TIPPS FÜR FESSELNDE AUSSTRAHLUNG

Inhaltsverzeichnis

EINLEITUNG

Was ist eigentlich Ausstrahlung und warum ist sie magisch ?

Ausstrahlung ist nicht nur ein äußeres Bild. Man sieht sie zwar zuerst von außen, aber sie kommt vor allem von innen. Erst wenn das Innere richtig erfasst und dargestellt ist, kann man es nach außen hin strahlen lassen. Es ist wie ein Licht, welches von innen nach außen leuchtet.

Ausstrahlung ist daher nicht nur visuell. Es ist mehr ein Stimmungsbild, welches sich mit dem Inneren vereinen muss, damit es nach außen hin zur visuellen Authentizität und Glaubwürdigkeit wird. Denn wir spielen hier nicht in einem Film. Wir sind im Leben, in unserem Leben. Und das soll so authentisch wie möglich gelebt werden.

Nicht nur für andere, sondern vor allem für sich selbst.

Deshalb ist es erst mal wichtig für dich überhaupt zu wissen, wer du bist, wo du stehst und wohin du gehen willst. Erst dann kannst du an deiner Ausstrahlung arbeiten. Ja du hast richtig gelesen: « arbeiten », denn die natürliche Ausstrahlung ist nicht jedem von Geburt an in gleichem Maße gegeben. Das sind die schlechten Nachrichten. Aber die gute Nachricht ist, dass jeder an seiner Ausstrahlung, an seinem Image arbeiten kann. Und dabei soll dir mein Buch als Ratgeber helfen.

Ich wünsche dir ein ganz erfolgreiches und authentisches Leben mit deiner einzigartigen Ausstrahlung!

Interessieren Sie sich für das Thema Cryptocurrencies und Bitcoins? Das Thema, das gerade in aller Munde ist? Wenn Sie mehr darüber und über das Investieren in Cryptocurrencies lernen möchten, dann laden Sie sich diesen kostenlosen Bonus runter:

KAPITEL 1: DU BIST

EINMALIG!

Wusstest du, dass du einmalig bist? Es gibt nicht zwei Menschen wie dich.

Schau dich erst einmal in einem Spiegel an. Alles was du an dir siehst, ist von der Natur für dich maßgeschneidert worden. Vielleicht hast du lockiges Haar, welches hervorragend zu deinem ovalen Gesicht passt und somit deine Empathie leuchten lässt. Oder du hast strahlende Augen, die auf deine dynamische Persönlichkeit hindeuten. Vielleicht wirkst du aber durch deinen Vollbart vertrauenserweckend? Und was hältst du von dem kleinen Grübchen, welches dein Schmunzeln unwiderstehlich macht und von dem viele meinen, dass es deinen handfesten Charakter unterstreicht?

Vielleicht hast du jetzt beim Lesen schon etwas bemerkt?

Genau das ist es: Alles, was dein Äußeres auszeichnet, betont etwas von deinem Inneren. Falls du es nicht bemerkt haben solltest, lies den Absatz nochmals. Und jetzt schaue dich wieder im Spiegel an und versuche bei dir herauszufinden, welcher Körperteil etwas von deinem Inneren leuchten lässt. Fange am besten mit deinem Gesicht an.

Warum du mit dem Gesicht anfangen sollst? Weil man dein Gesicht als erstes sieht. Es ist das allerwichtigste, wenn du jemanden durch deine Ausstrahlung anziehen oder auch überzeugen willst. Man schaut zuerst ins Gesicht.

Und wusstest du, dass man sich in nur 10 Sekunden eine Meinung über sein Gegenüber bildet? Das ist sehr kurz und in dieser kurzen Zeit ist es wichtig, dass die Ausstrahlung in positiver Weise zur Geltung kommt.

Bevor du redest, erscheinst du!

Fang also gleich an. Stelle dich vor deinen Spiegel und schau dich genau an. Lächele dich an und schreibe dann auf, was du gefunden hast, was du an dir magst und wie es deine Persönlichkeit unterstreicht.

Schreibe hier deine Ergebnisse auf:

Ich mag an mir .... **Es unterstreicht meine Persönlichkeit**

Tipp 1:

Ich präge mir ein, dass ich einmalig bin. Das ist die Grundlage für eine gute Ausstrahlung.

KAPITEL 2: DIE GESCHICHTE

VOM SELBSTBILD UND VOM

SELBSTVERTRAUEN

Dein Selbstbild und dein Selbstvertrauen hängen eng zusammen. Wenn du dich gern hast, dann ist auch dein Selbstbild gut und du hast somit mehr Selbstvertrauen. Wenn du dich hingegen nicht so gern hast, dann ist dein Selbstbild schlechter und du hast auch ein weniger gutes Selbstvertrauen.

Sicher hast du schon bemerkt, dass es Menschen gibt, die immer wieder viele Menschen um sich versammeln. Und das auf ganz spontane und einfache Art und

Weise. Sie gehen auf andere zu und beginnen mit Ihnen zu reden. So ganz einfach, ohne Schüchternheit, fangen sie «Small Talk» an. Das kannst du gut auf Businesscocktail- oder anderen Partys beobachten, vor allem, wenn die Anwesenden sich noch nicht kennen. Es gibt immer die Menschen, die viele andere wie ein Magnet anziehen. Und dann gibt es diejenigen, die eher alleine in der Ecke stehen. Und das liegt eben am Selbstbild, das man von sich hat und an der Ausstrahlung, die man von sich gibt. Wenn du also zu der ersten Gruppe von Menschen gehörst, dann hast du Glück und hast ein gutes Selbstbild und ein hohes Selbstvertrauen und hast wahrscheinlich keine großen Probleme, deine Ausstrahlung authentisch hervorzubringen. Wenn du aber zu der zweiten Gruppe gehörst, dann zeige ich dir in den folgenden Kapiteln, was du genau machen musst, um ein gutes Image von dir zu haben und es der Außenwelt zu zeigen. Aber bitte vergiss nicht: Alles muss zueinander passen. Dein Äußeres ist nur dazu da, dein inneres Strahlen zum Vorschein zu bringen und das muss mit deiner Person und deinem Umfeld absolut übereinstimmen. Sonst klingt etwas falsch und du wirkst dann unglaubwürdig.

Tipp 2:

Um glaubwürdig zu sein, muss alles bei mir zusammen passen. Das nennt man die Authentizität. Ich muss also unbedingt authentisch sein um glaubwürdig zu sein. Das ist das zweite Fundament meiner hohen Ausstrahlung.

KAPITEL 3: ES WAR EINMAL

DEINE IDENTITÄT

Deine Identität gehört zu deiner Persönlichkeit. Sie liegt in dir. Sie besteht zuerst einmal aus deiner äußeren Erscheinung: Bist du europäischer, asiatischer, indischer oder afrikanischer Abstammung? Dann kommen deine sozialen, religiösen und kulturellen Identitäten hinzu. Deine Erziehung und dein Umfeld haben dich geprägt. Deine Wesensart spielt auch eine Rolle. Das ist die Körpersprache, wie du läufst, deine Hände bewegst, deine Kopfhaltung, aber auch deine Mimik, deine Falten im Gesicht, dein Lächeln und sogar wie du sprichst. Hast du einen regionalen Akzent, sprichst du vielleicht laut, leise oder nuschelst du ? Das alles fließt in deine Identität mit ein und drückt gleichzeitig deine Persönlichkeit aus. Und wie kleidest du dich? Bist du klassisch oder bevorzugst du extravagante Kleidung? Je nach deinem Umfeld oder deiner Persönlichkeit bevorzugst du wahrscheinlich eher den einen oder den anderen Stil. All dieses gehört zur nonverbalen Kommunikation und diese zählt bis zu 93 Prozent in deiner Ausstrahlung.

Überlege dir jetzt, wo du stehst und wo du hin willst.

Wo bist du heute und bist du mit deinem beruflichen oder privaten Leben zufrieden?

Zum Beispiel: Arbeitest du lieber in einem internationalen Umfeld, in einem multinationalen Unternehmen oder möchtest du gerne dein eigenes kleines Café aufziehen?

Hast du den Eindruck, dass man dich so einschätzt, wie du wirklich bist, oder hast du das Gefühl, häufig an der verkehrten Stelle zu sein ? Das sind die Grundfragen, auf die du ganz ehrlich antworten musst.

Übung

Besorge dir einen goldenen Bilderrahmen. Nun klebst du auf ein großes Blatt Papier (es soll dann in deinen Rahmen passen), in welcher Welt du dich siehst. Diese Welt kann dein Privat- und/oder Berufsleben darstellen.

Klebe ein Bild von dir, auf dem du dich schön findest, ins Zentrum. Danach klebst du rund herum alles, was du gerne hättest: dein ideales Outfit, dein ideales Büro, Geschäft, Café oder wo immer du gerne arbeiten möchtest. Male dir nun deinen idealen Standort aus und klebe ihn auf das Blatt. Dein Traumhaus, Auto, alles was für dich wichtig ist und zu dir gehören soll.

Schreibe nun dein Ziel und wann du es zeitlich erreichen willst, neben jedes Bild. Setze dir realistische Ziele! Wenn du mit allem fertig und zufrieden bist, so dass du dich auch wirklich darin visualisierst, tust du das Blatt in den goldenen Rahmen und hängst ihn dir gut sichtbar auf. Du musst ihn jeden Tag anschauen, damit du dein ideales « Ich» nicht vergisst und immer vor Augen hast.

Tipp 3 :

Damit ich andere Menschen positiv anziehe, muss ich Vertrauen erwecken.

Dazu muss ich erst mir selbst vertrauen, denn nur dann kann ich auf andere zugehen.

Vertrauenserweckung ist die dritte Grundlage für eine gute Ausstrahlung.

KAPITEL 4: MIT DEINEN

STÄRKEN ZUR EIGENEN

WERTSCHÄTZUNG

Im Kapitel 1 hast du erfahren, dass du einmalig bist und du hast hoffentlich die Spiegelübung durchgeführt. Du bist dir nun bewusst, was an deinem Äußeren positiv ist und dein Inneres unterstreicht.

Um eine gute Ausstrahlung und ein positives Image weiterzugeben, musst du dich unbedingt wertschätzen.

Es ist wichtig, dass du deine Stärken kennst. Denn nur wenn du diese kennst und auch richtig einsetzt, bekommst du Anerkennung und dadurch eine eigene Wertschätzung. Wenn du dich permanent in Situationen begibst, die eher deine Schwächen als deine Stärken hervorheben, wirst du nie eine gute Wertschätzung von dir haben. Und ohne positive Wertschätzung gibt es auch keine positive Wirkung.

Nehmen wir also an, dass du keine administrative Persönlichkeit bist, dich aber permanent für Jobs bewirbst, wo der administrative Teil sehr wichtig ist. Du möchtest vielleicht lieber in einer kreativen Umgebung arbeiten. Was meinst du, was passiert?

Du wirst mit deinem Job unzufrieden, vernachlässigst vielleicht etwas deine Aufgabe und dein Vorgesetzter ist nicht mit dir zufrieden. Du fühlst dich unwohl, bekommst nie ein Kompliment, verlierst dein

Selbstvertrauen, bis du eines Tages entlassen wirst oder von selber gehst. Es könnte aber auch sein, dass du dir selbst zu hohe Ansprüche stellst und mit dir selbst nie zufrieden bist. Wenn du dir zu hohe Ansprüche stellst, dann führt das genauso zu Frust wie ein Job, für den du nicht gemacht bist.

Stelle dir mal die Frage, wie du eine positive Ausstrahlung haben willst, wenn du permanent frustriert bist?

Bist du dir deiner Fähigkeiten überhaupt bewusst? Denn ohne dieses Bewusstsein kannst du deine Stärken gar nicht richtig einsetzen.

Übung

Nimm ein Blatt Papier und schreibe als Titel darauf : « Das mag ich und das kann ich besonders gut ».

Schreibe nun alles auf, was du gut kannst. Das kann zum Beispiel « Events organisieren », « Kochen », « Seminare vorbereiten » oder « Basteln » sein.

Liste deine eigenen Stärken auf. Wenn du nicht mindestens fünf findest, frage deine Freunde, welches deine Stärken sind.

Tipp 4 :

Ich erkenne meine Stärken, lerne sie wertschätzen und setze sie richtig ein. Nur durch eine gute Wertschätzung und das Erkennen meiner Stärken werde ich ein positives Image gestalten und eine hohe Ausstrahlung rund um mich geben.

KAPITEL 5: MACHE DIR

FREUNDE

Was heißt das genau? Natürlich kannst du nicht mit der ganzen Welt befreundet sein. Aber wenn du dich selbst wertschätzt, ist es auch leichter deine Umwelt wertzuschätzen. Du kannst mit kleinen Anstrengungen, Komplimenten oder Hilfestellungen große Erfolge in deiner Ausstrahlung erzielen. Versuche zum Beispiel, die Namen deiner Kunden zu behalten und sie immer beim Namen zu nennen. Das macht sie zu einer wichtigen Person in deinen Augen. Geize nicht mit deinen Komplimenten. Hat jemand gut gearbeitet? Lass es ihn wissen. Jemand bittet dich um eine kleine Hilfestellung?

Winke nicht gleich ab, auch wenn du beschäftigt bist. Sag lieber «Gerne können wir heute Nachmittag über Ihr Anliegen sprechen, Herr Meier. Seien Sie mir nicht böse, aber ich muss unbedingt noch etwas schreiben, dann bin ich ganz für Sie da». Bedanke dich bei anderen und sage « Bitte », wenn du etwas brauchst. Lerne auch, anderen Menschen gut zuzuhören. Zum einen kannst du viel dabei lernen, wenn es sich zum Beispiel um deine Kunden handelt (vielleicht kannst du ihnen dann gleich noch ein attraktives Angebot machen), zum anderen zeigst du aber auch die Wichtigkeit und die Wertschätzung, die du der Person schenkst. Das ist natürlich bei Menschen, die dir am Herzen liegen, noch wichtiger. Durch gutes Zuhören wirst du auch auf die Bedürfnisse der Menschen besser eingehen können, was dir wiederum eine hohe Anerkennung bringen wird. Und hier sind wir wieder bei deinem positiven Image. Man wird von dir sagen, dass du zuverlässig und hilfsbereit bist, für andere da bist... Du hast dann wiederum ein gutes Selbstimage, also hohe Ausstrahlung und Anziehungskraft.

Tipp 5:

Ich mache aus jedem Tag einen tollen Tag. Ich bin positiv mit mir selbst und mit meiner Umgebung. Hilfsbereitschaft und kleine Komplimente verhelfen nicht nur zur Sympathie, sondern geben gleich ein positives Image von mir.

KAPITEL 6: SEI IM EINKLANG

MIT DEINEN EMOTIONEN

Emotionen kann man nicht immer verbergen. Denn der Körper reagiert äußerlich auf innere Emotionen. So kann es zum Beispiel sein, dass du bei einem Vorstellungsgespräch ins Stottern gerätst, weil du gestresst bist. Oder Du schaukelst bei einem Vortrag von einem Bein auf das andere, weil du nervös bist. Versuche deine Emotionen in solchen Fällen so gut wie möglich zu bändigen. Du kannst dich so gut auf dein Vorstellungsgespräch vorbereiten, dass du dir sicher bist und nicht ins Stottern gerätst. Oder wenn du weißt, dass du beim Vortrag halten deinen Körper dauernd bewegen musst, trainiere vorher so gut es geht, dieses nicht zu tun. Du kannst vielleicht ein Pult bestellen, hinter dem man deine Beine weniger sieht. Aber vergiss nicht, dass alle auf Erden nur Menschen sind. Deine Gestik und Mimik gehören zu deiner Wesensart und das solltest du nicht unbedingt verstecken. Es ist ja auch das, was dich einmalig macht und dich von anderen unterscheidet. Wenn du also etwas vorträgst und dabei deine Emotionen zeigst, dann macht dich dies im Gegensatz zu einer Statue auch authentisch. Die Zuhörer werden merken, dass du zu dem, was du erzählst, auch wirklich eine Beziehung hast. Dadurch kommen auch Emotionen von den Zuschauern zurück. Sei also authentisch bewegend und nicht nur sachlich und distanziert. Achte aber immer auf das Umfeld, in dem du dich gerade befindest. Im

Berufsleben musst du deine Emotionen etwas mehr dosieren als im Privatleben.

Vergiss jedoch auf keinen Fall, du selbst zu sein. Das macht dich « echt » und liebenswert.

Tipp 6:

Ich gehe mit meinen Emotionen sparsam um. Ich zeige meine Gefühle mit Authentizität, aber übertreibe die Gefühlsebene nicht. Vor allem im Berufsleben muss ich aufpassen, nicht zu viele Emotionen durchscheinen zu lassen.

KAPITEL 7: PFLEGE DEIN

AUSSEHEN

Ich habe dir in diesen Kapiteln viel über dein inneres Sein, dein Selbstbild und deine Wertschätzung erzählt. Das sind auch die wichtigen Bausteine für eine positive, magische Ausstrahlung.

Nun ist es an der Zeit, sich um dein Äußeres zu kümmern. Vergiss nicht, dass du erst « erscheinst ».

Die besten Beispiele dafür sind eine Vorstellung oder ein Kundengespräch. Dein Onlineauftritt gehört auch dazu.

Stelle dir vor, du sollst in nur 10 Sekunden jemanden überzeugen, dass du absolut der richtige für sein Bedürfnis (Job, Kauf, Dienstleistung) bist. Du hast in den 10 Sekunden keine Zeit, irgendetwas über dich oder dein Produkt zu erzählen. Es geht hier also nur um dein Äußeres, deine Anziehungskraft und Ausstrahlung. Vergiss aber dabei nicht, dass du selbst das Produkt bist und dass man beim Produktkauf nicht gerne enttäuscht ist. Wenn dein Äußeres nicht das reflektiert, was du wirklich bist, könnte man später enttäuscht von dir sein.

Ich gebe dir hier ein Beispiel: Stell dir vor, du kaufst ein Waschmittel. Es steht mitten unter Hunderten von anderen Waschmitteln. Warum kaufst du eher das eine oder das andere? Nur wegen der Werbung, die du im Fernsehen gesehen hast? Oder vielleicht auch wegen der Verpackung, die dich anspricht, und des angezeigten Preises ? Erst dann nimmst du das Produkt vom Regal und liest, was das Waschmittel alles kann.

Bei dir ist es genauso: Man sieht dich, bevor man dich hört. Vergiss das nicht. Beim Online-Auftritt ist das noch wichtiger, denn da ist nicht immer viel Zeit, es muss schnell gehen und der erste Eindruck, dein Image, deine Ausstrahlung sollen so positiv sein, dass dein potentieller Kunde oder Arbeitgeber sich schon quasi für dich entschieden hat, bevor er dich kennenlernt.

Was heißt das genau ?

Es geht schon wieder um Ausstrahlung und Authentizität. Sei anziehend. Von außen.

1. Kleide dich in Farben, die dein Gesicht positiv strahlen lassen. Wähle Farben, die in dein berufliches Umfeld und zu dir passen.

2. Frisiere dich passend zu deiner Gesichtsform.

3. Wähle Accessoires, die dich wirken lassen, zum Beispiel eine Brille, die dein Gesicht positiv unterstreicht oder eine Armbanduhr, die zu deiner Persönlichkeit passt.

4. Ziehe dich passend zu deiner Person, aber auch zu deinem Business an. Wenn du im kreativen Bereich arbeitest, kannst du dich informeller kleiden, als wenn du im Finanzwesen tätig bist.

5. Trage immer die helleren Farben zum Gesicht hin und die dunkleren am unteren Teil des Körpers, denn helle Farben ziehen die Blicke an. Dein Gesicht ist das, was man als erstes sieht.

6. Wähle für deinen Online-Auftritt professionelle Fotos von dir; nicht nur beim Profilfoto. Achte generell bei deinen Posts darauf, nicht unseriös zu wirken. Verzichte also darauf, Fotos von deiner

letzten Party, wo du betrunken aus dem Schwimmbecken gefischt wurdest, zu posten. Denn dein Kunde oder dein künftiger Arbeitgeber könnte diese auch sehen.

7. Fühle dich wohl in der Kleidung, die du trägst. Bewahre deinen Stil, auch wenn du diesen etwas an dein Berufsumfeld anpassen solltest.

Tipp 7

Ich optimiere mein Aussehen durch an meine Figur und mein Äußeres angepasste Kleidung, in Farbe und Stil.

Ich gebe ein professionelles und authentisches Image von mir. Ich soll mich nicht verkleiden, nur an meine Umgebung und mich selbst anpassen. Sein und Schein sollen im Einklang sein, um meine

Ausstrahlung leuchten zu lassen und mich zum Erfolg zu führen.

SCHLUSSWORT

Du hast nun erfahren, wie du deine Ausstrahlung nicht nur optimierst, sondern sie vor allem leuchten lässt, damit du dir im Leben viele zum Freund machst.

Du hast gelernt, dass die innere und äußere Ausstrahlung eng verbunden sind und wie du das Innere durch das Äußere nicht nur unterstreichen kannst, sondern wie dir dein authentisches Sein zum glaubwürdigen Schein verhilft. Benutze das Äußere wie ein Werkzeug, mit dem du dein Erscheinen schmiedest. Aber vergiss nicht, dass das wichtigste dein inneres Sein ist. Denn nur wenn du ehrlich und authentisch bist, wirkst du glaubwürdig und anziehend auf deine Umgebung. Dafür musst du mit dir selbst ehrlich sein und dich gut kennenlernen und wertschätzen.

Ich hoffe dich auf diesem Weg mit meinem E-Book ein Stück begleitet zu haben.

Interessieren Sie sich für das Thema Cryptocurrencies und Bitcoins? Das Thema, das gerade in aller Munde ist? Wenn Sie mehr darüber und über das Investieren in Cryptocurrencies lernen möchten, dann laden Sie sich diesen kostenlosen Bonus runter:

QUELLEN

« Dress to Success - Seminare », Ch. Malinjod

« Image + Stil = Erfolg » A. und D. Hildebrand

IMPRESSUM

Text: Copyright © 2018 by ALI KALAI TLEMCANI

Impressum:

ALI KALAI TLEMCANI

1 Complexe El hassani Immeuble Amal 2

90000 TANGIER

Marokko

Fotos: © Tribalium/ www.shutterstock.com

Sollten Inhalte des Buches gegen geltendes Recht verstoßen, dann bittet der Autor um umgehende Benachrichtigung. Die betreffenden Inhalte werden dann umgehend entfernt oder geändert.

Haftung für Links

Das Buch enthält Links zu externen Webseiten Dritter, auf deren Inhalte wir keinen Einfluss haben. Deshalb können wir für diese fremden Inhalte keine Gewähr übernehmen. Für die Inhalte der verlinkten Seiten ist stets der jeweilige Anbieter oder Betreiber der Seiten verantwortlich. Die verlinkten Seiten wurden zum Zeitpunkt der Verlinkung auf mögliche Rechtsverstöße überprüft. Rechtswidrige Inhalte waren zum Zeitpunkt der Verlinkung nicht erkennbar. Eine permanente inhaltliche Kontrolle der verlinkten Seiten ist jedoch ohne konkrete

Anhaltspunkte einer Rechtsverletzung nicht zumutbar. Bei Bekanntwerden von Rechtsverletzungen werden wir derartige Links umgehend entfernen.